Impressum
Verlag: BABADADA GmbH, Nedderfeld 112 , 22529 Hamburg
Geschäftsführer / Verlagsleitung: Harald Hof
Druck: Books on Demand GmbH, In de Tarpen 42, 22848 Norderstedt

Imprint
Publisher: BABADADA GmbH, Nedderfeld 112 , 22529 Hamburg, Germany
Managing Director / Publishing direction: Harald Hof
Print: Books on Demand GmbH, In de Tarpen 42, 22848 Norderstedt

koulu

学校

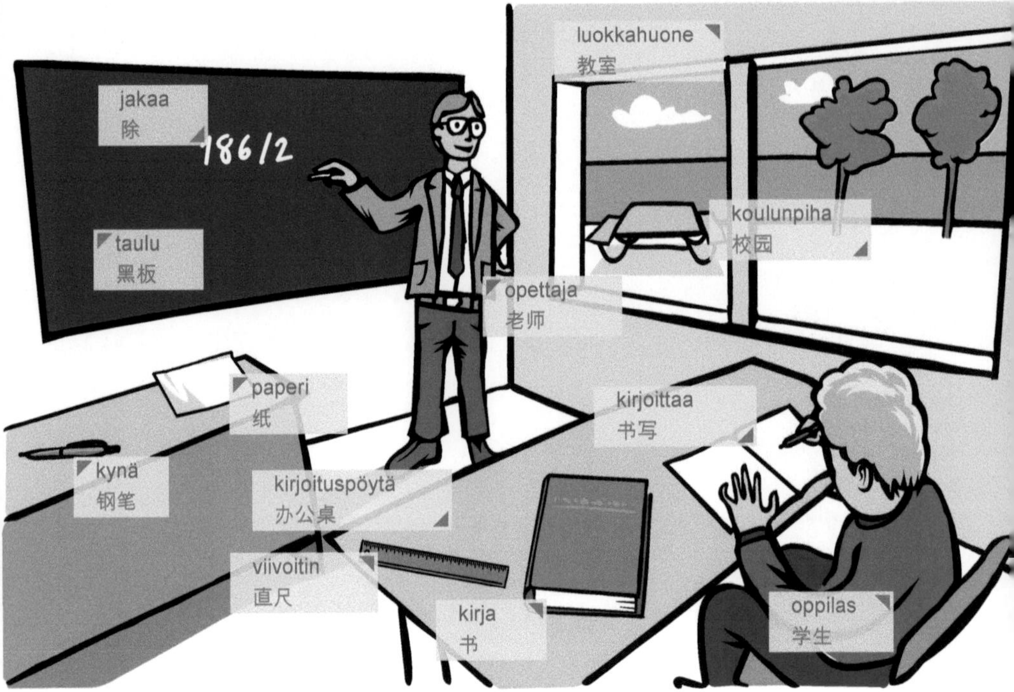
luokkahuone
教室
jakaa
除
186/2
taulu
黑板
koulunpiha
校园
opettaja
老师
paperi
纸
kirjoittaa
书写
kynä
钢笔
kirjoituspöytä
办公桌
viivoitin
直尺
kirja
书
oppilas
学生

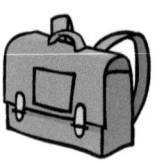

reppu

书包

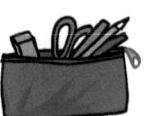

penaali

铅笔盒

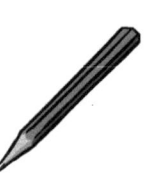

lyijykynä

铅笔

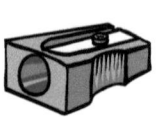

kynänteroitin

卷笔刀

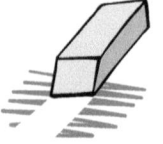

pyyhekumi

橡皮擦

piirustuslehtiö

画板

piirustus

图画

pensseli

画笔

vesivärit

颜料盒

sakset

剪刀

liima

胶水

harjoituskirja

练习册

kotitehtävä

家庭作业

luku

数字

lisätä

加

vähentää

减

kertoa

乘

laskea

计算

kirjain

字母

aakkoset

字母表

sana

字

teksti

课文

lukea

读

liitu

粉笔

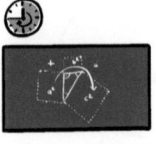

oppitunti

上课

opettajan muistikirja

登记

koe

考试

todistus

证书

koulupuku

校服

koulutus

教育

sanakirja

百科全书

yliopisto

大学

mikroskooppi

显微镜

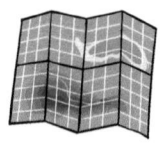

kartta

地图

roskakori

废纸篓

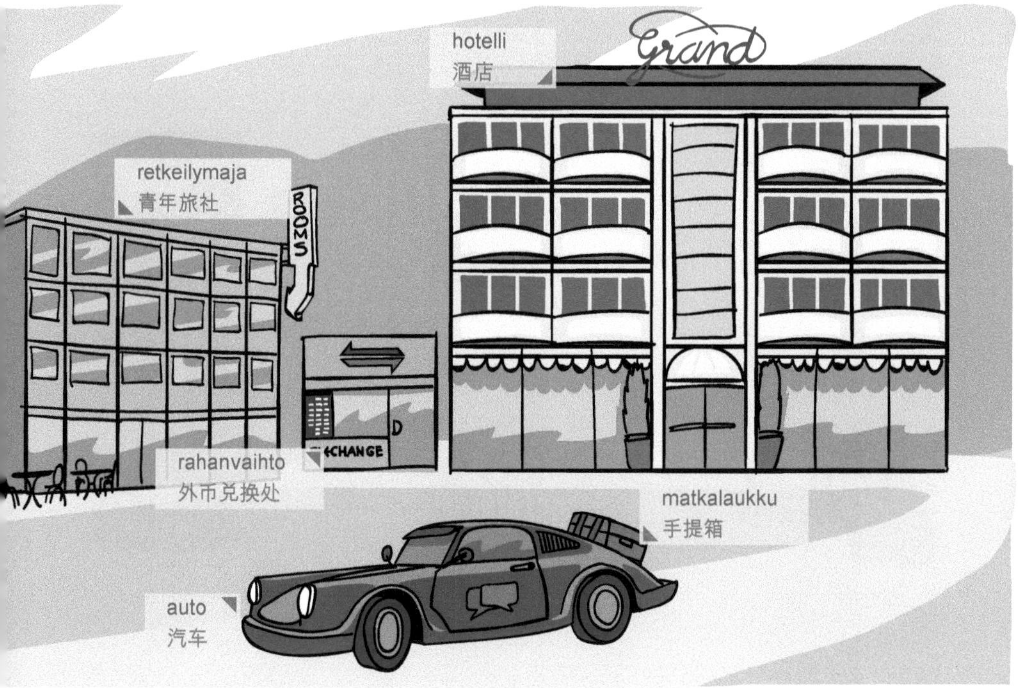

hotelli
酒店
Grand
retkeilymaja
青年旅社
ROOMS
rahanvaihto
外币兑换处
matkalaukku
手提箱
auto
汽车

kieli
语言

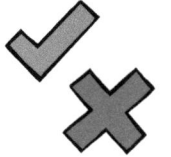

kyllä / ei
是/否

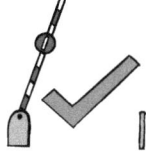

selvä
好的

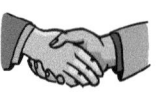

hei
您好

tulkki
翻译员

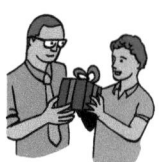

kiitos
谢谢

Paljonko...maksaa?

......多少钱？

en ymmärrä

我不明白

ongelma

问题

Hyvää iltaa!

晚上好！

Hyvää huomenta!

早上好！

Hyvää yötä!

晚安！

näkemiin

再见

suunta

方向

matkatavarat

行李

laukku

包

reppu

双肩包

vieras

客人

huone

房间

makuupussi

睡袋

teltta

帐篷

turisti-info

旅游信息

ranta

海滩

luottokortti

信用卡

aamupala

早餐

lounas

午餐

päivällinen

晚餐

matkalippu

票

hissi

电梯

postimerkki

邮票

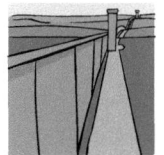

raja

边界

tulli

海关

suurlähetystö

大使馆

viisumi

签证

passi

护照

kuljetus

交通运输

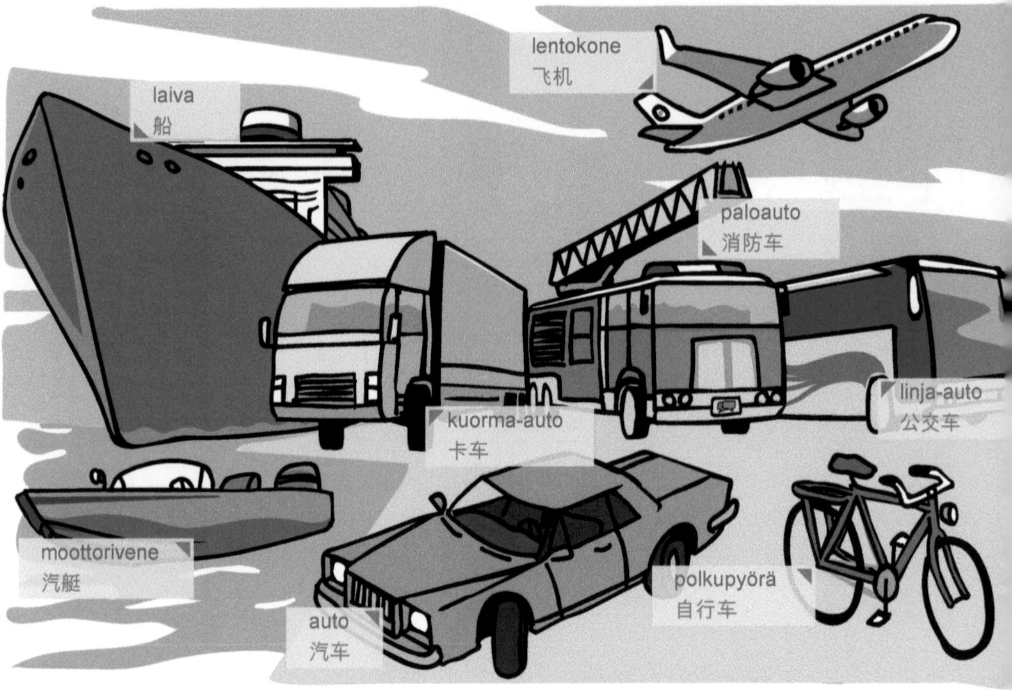

lentokone
飞机
laiva
船
paloauto
消防车
linja-auto
公交车
kuorma-auto
卡车
moottorivene
汽艇
polkupyörä
自行车
auto
汽车

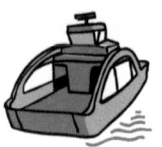

lautta
摆渡船

vene
小船

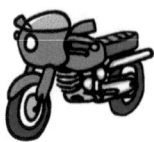

moottoripyörä
摩托车

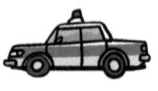

poliisiauto
警车

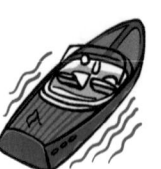

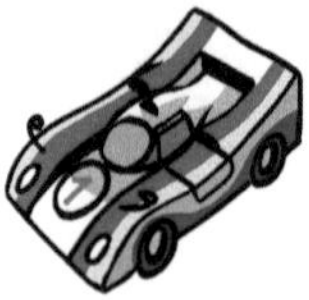

kilpa-auto
赛车

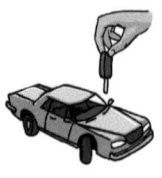

vuokra-auto
租车

car sharing

拼车

hinausauto

拖车

roska-auto

垃圾车

moottori

发动机

polttoaine

汽油

huoltoasema

加油站

liikennemerkki

交通标志

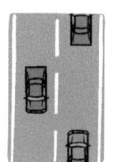

liikenne

交通

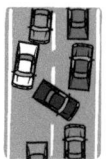

ruuhka

交通堵塞

parkkipaikka

停车场

rautatieasema

火车站

raiteet

轨道

juna

火车

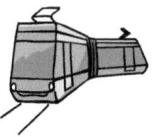

raitiovaunu

电车

vaunu

货车

helikopteri

直升机

lentokenttä

机场

lähilennonjohto

塔

matkustaja

乘客

kontti

集装箱

pahvilaatikko

纸板箱

kärryt

手推车

kori

篮子

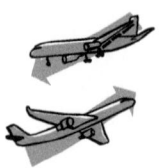

nousta / laskea

起飞/降落

kaupunki
城市

kylä

村庄

keskusta

市中心

talo

房子

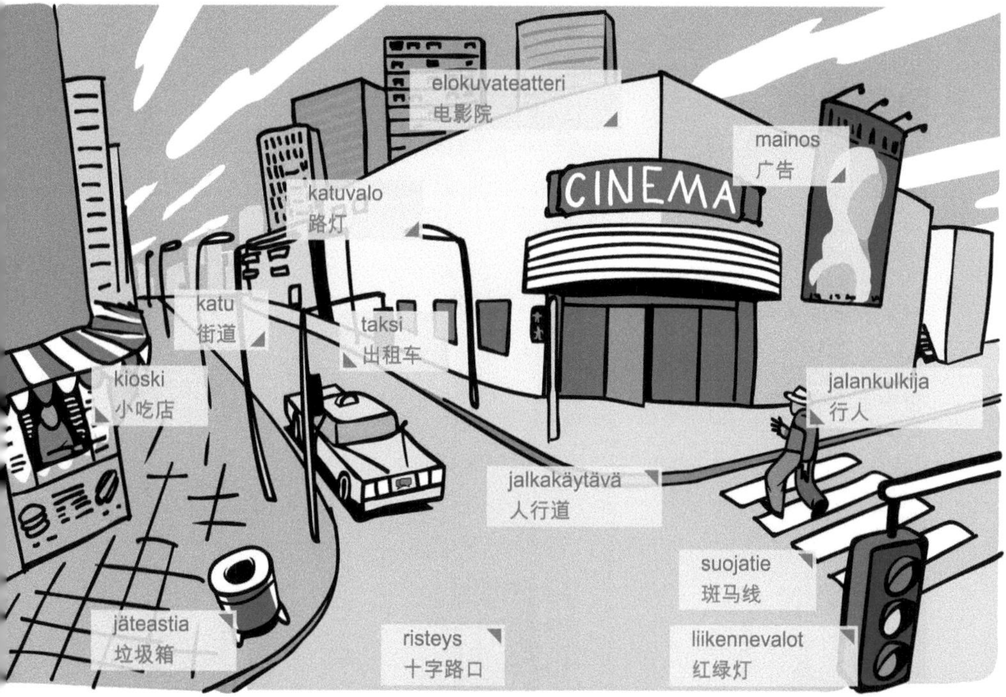

elokuvateatteri
电影院
mainos
广告
CINEMA
katuvalo
路灯
katu
街道
taksi
出租车
kioski
小吃店
jalankulkija
行人
jalkakäytävä
人行道
suojatie
斑马线
jäteastia
垃圾箱
risteys
十字路口
liikennevalot
红绿灯

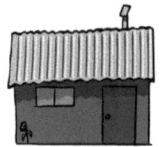

mökki

小屋

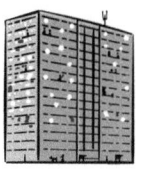

kerrostalo

公寓

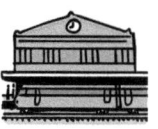

rautatieasema

火车站

kaupungintalo

市政厅

MUSEUM

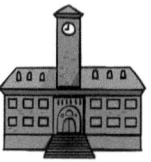

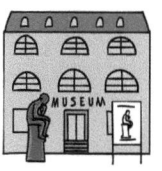

museo

博物馆

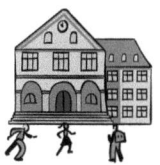

koulu

学校

yliopisto

大学

pankki

银行

sairaala

医院

hotelli

酒店

apteekki

药房

toimisto

办公室

kirjakauppa

书店

liike

商店

kukkakauppa

花店

supermarketti

超市

tori

市场

tavaratalo

百货商店

kalakauppias

鱼店

ostoskeskus

购物中心

satama

海港

puisto

公园

penkki

长凳

silta

桥

portaat

楼梯

metro

地铁

tunneli

隧道

linja-autopysäkki

公交车站

baari

酒吧

ravintola

餐馆

postilaatikko

邮筒

katukyltti

路标

parkkimittari

停车计时器

eläintarha

动物园

uimala

游泳馆

moskeija

清真寺

maatila

农场

ympäristön saastuminen

污染

hautausmaa

墓地

kirkko

教堂

leikkikenttä

操场

temppeli

寺庙

maisema

地形

lehti
树叶

tienviitta
指示牌

tie
路

niitty
草地

kivi
石头

puu
树

retkeilijä
徒步旅行者

joki
河

ruoho
草

kukka
花

laakso

峡谷

vuori

山

järvi

湖

metsä

森林

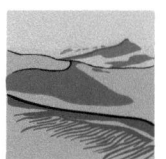

aavikko

沙漠

tulivuori

火山

linna

城堡

sateenkaari

彩虹

sieni

蘑菇

palmu

棕榈树

hyttynen

蚊子

kärpänen

苍蝇

muurahainen

蚂蚁

mehiläinen

蜜蜂

hämähäkki

蜘蛛

kovakuoriainen

甲虫

sammakko

青蛙

orava

松鼠

siili

刺猬

jänis

野兔

pöllö

猫头鹰

lintu

鸟

joutsen

天鹅

villisika

野猪

peura

鹿

hirvi

麋鹿

pato

水坝

tuulimylly

风力发电机

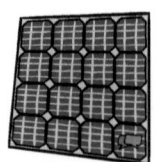

aurinkopaneeli

太阳能电池板

ilmasto

气候

tarjoilija
服务员

ruokalista
菜单

tuoli
椅子

keitto
汤

pitsa
披萨饼

ruokailuvälineet
餐具

pöytäliina
桌布

alkuruoka

前菜

pääruoka

主菜

jälkiruoka

甜点

juomat

饮料

ruoka

食物

pullo

瓶子

pikaruoka

快餐

katuruoka

街边小吃

teekannu

茶壶

sokeriastia

糖盒

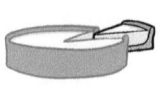

annos

一份饭菜

espressokeitin

意式咖啡机

syöttötuoli

高脚椅

lasku

账单

tarjotin

托盘

veitsi

刀

haarukka

餐叉

lusikka

勺子

teelusikka

茶匙

servietti

餐巾

lasi

玻璃杯

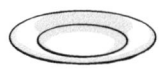

lautanen

碟子

syvä lautanen

汤盘

aluslautanen

碟子

kastike

酱

suolasirotin

盐瓶

pippurimylly

胡椒磨

etikka

醋

öljy

食用油

mausteet

调味料

ketsuppi

番茄酱

sinappi

芥末

majoneesi

蛋黄酱

supermarketti
超市

tarjous
特价
FOR
asiakas
顾客
maitotuotteet
乳制品
hedelmät
水果
ostoskärryt
购物车

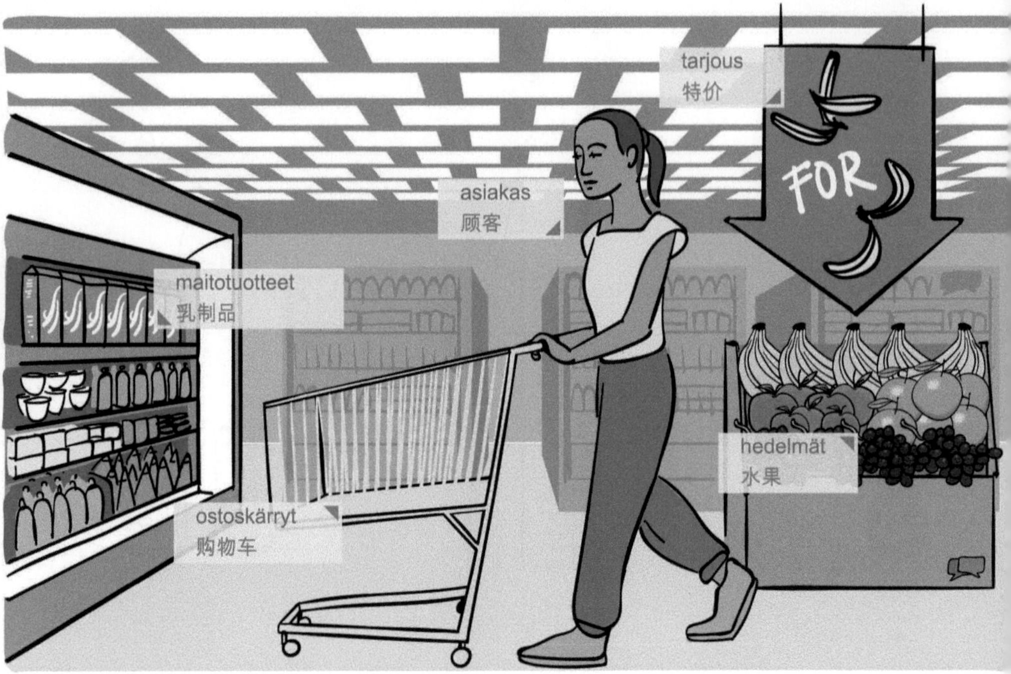

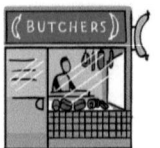

BUTCHERS

teurastamo

肉铺

BAKERY

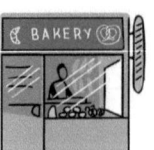

leipomo

面包房

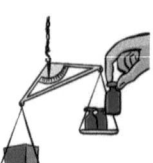

punnita

称重

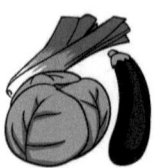

kasvikset

蔬菜

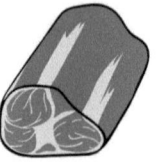

liha

肉

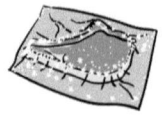

pakasteet

冷冻食品

leikkele

冷盘

säilykkeet

罐头食品

pesujauhe

洗衣粉

makeiset

甜食

kotitaloustarvikkeet

日用品

puhdistusaineet

清洁用品

myyjä

销售员

kassa

收银机

kassanhoitaja

收银员

ostoslista

购物清单

aukioloajat

开放时间

lompakko

钱包

luottokortti

信用卡

kassi

袋子

muovipussi

塑料袋

supermarketti - 超市

vesi

水

mehu

果汁

maito

牛奶

kokis

可乐

viini

红酒

olut

啤酒

alkoholi

酒

kaakao

可可

tee

茶

kahvi

咖啡

espresso

意式浓缩咖啡

cappuccino

卡布奇诺

banaani

香蕉

omena

苹果

appelsiini

橙子

meloni

西瓜

sitruuna

柠檬

porkkana

胡萝卜

valkosipuli

大蒜

bambu

竹子

sipuli

洋葱

sieni

蘑菇

pähkinät

坚果

spagetti

面条

spagetti

意大利面条

riisi

米饭

salaatti

沙拉

ranskalaiset

薯条

paistetut perunat

炸土豆

pitsa

披萨饼

hampurilainen

汉堡包

voileipä

三明治

leike

炸猪排

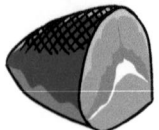

kinkku

火腿

salami

萨拉米

makkara

香肠

kana

鸡肉

paisti

烤肉

kala

鱼

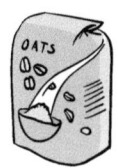

kaurahiutaleet

燕麦片

mysli

穆兹利

murot

玉米片

jauho

面粉

voisarvi

羊角面包

sämpylä

面包卷

leipä

面包

paahtoleipä

烤面包

keksit

饼干

voi

黄油

rahka

凝乳

kakku

蛋糕

kananmuna

蛋

paistettu kananmuna

煎蛋

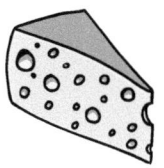

juusto

奶酪

jäätelö

冰激凌

sokeri

糖

hunaja

蜂蜜

hillo

果酱

suklaapähkinälevite

巧克力酱

curry

咖喱饭

maatila
农场

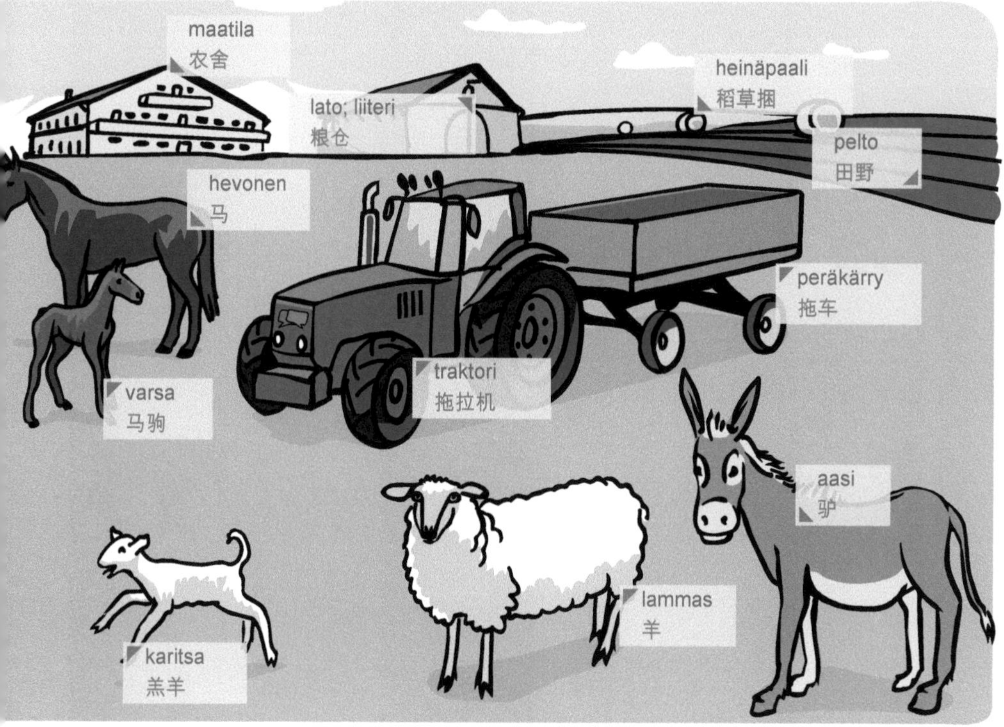

maatila
农舍
lato; liiteri
粮仓
heinäpaali
稻草捆
pelto
田野
hevonen
马
peräkärry
拖车
traktori
拖拉机
varsa
马驹
aasi
驴
lammas
羊
karitsa
羔羊

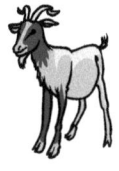

vuohi

山羊

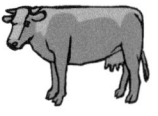

lehmä

奶牛

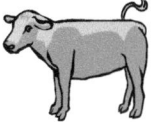

vasikka

牛犊

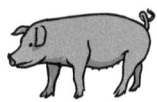

sika

猪

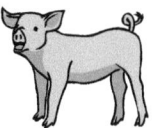

porsas

小猪

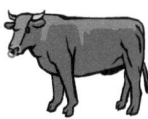

sonni

公牛

hanhi

鹅

ankka

鸭

tipu

小鸡

kana

母鸡

kukko

公鸡

rotta

鼠

kissa

猫

hiiri

老鼠

härkä

牛

koira

狗

koirankoppi

狗屋

puutarhaletku

花园浇水软管

kastelukannu

洒水壶

viikate

长柄大镰刀

aura

犁

sirppi

镰刀

kuokka

锄头

talikko

长柄草耙

kirves

斧头

kottikärryt

独轮手推车

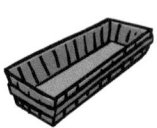

kaukalo

饲料槽

maitokannu

牛奶罐

säkki

麻布袋

aita

栅栏

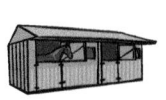

talli

马厩

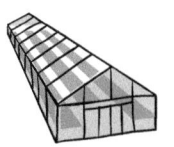

kasvihuone

温室

maa

土壤

siemen

种子

lannoite

肥料

leikkuupuimuri

联合收割机

kerätä sato

收割

sato

收割

jamssit

山药

vehnä

小麦

soija

大豆

peruna

土豆

maissi

玉米

rypsi

油菜籽

hedelmäpuu

果树

maniokki

树薯

vilja

谷物

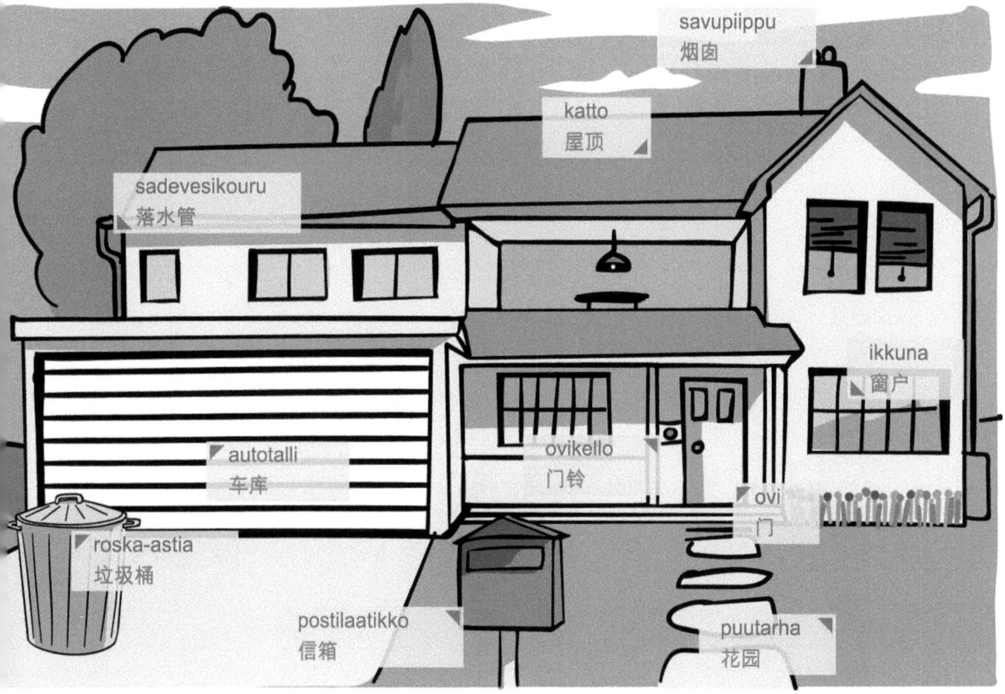

savupiippu
烟囱

katto
屋顶

sadevesikouru
落水管

ikkuna
窗户

autotalli
车库

ovikello
门铃

ovi
门

roska-astia
垃圾桶

postilaatikko
信箱

puutarha
花园

olohuone

客厅

kylpyhuone

浴室

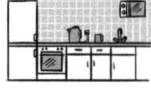

keittiö

厨房

makuuhuone

卧室

lastenhuone

儿童房

ruokahuone

餐厅

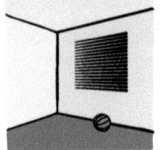

lattia

地板

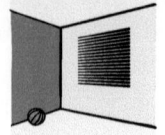

seinä

墙壁

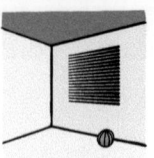

katto

吊顶

kellari

地窖

sauna

桑拿

parveke

阳台

terassi

露台

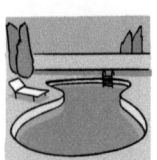

uima-allas

游泳池

ruohonleikkuri

割草机

lakana

被单

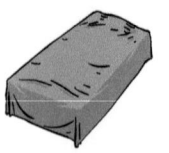

päiväpeitto

床罩

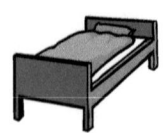

sänky

床

harja

扫帚

ämpäri

水桶

katkaisin

开关

olohuone
客厅

tapetti
壁纸
kuva
照片
lamppu
台灯
hylly
搁架
kaappi
橱柜
televisio
电视机
takka
壁炉
kukka
花
tyyny
垫子
sohva
沙发
maljakko
花瓶
kaukosäädin
遥控器

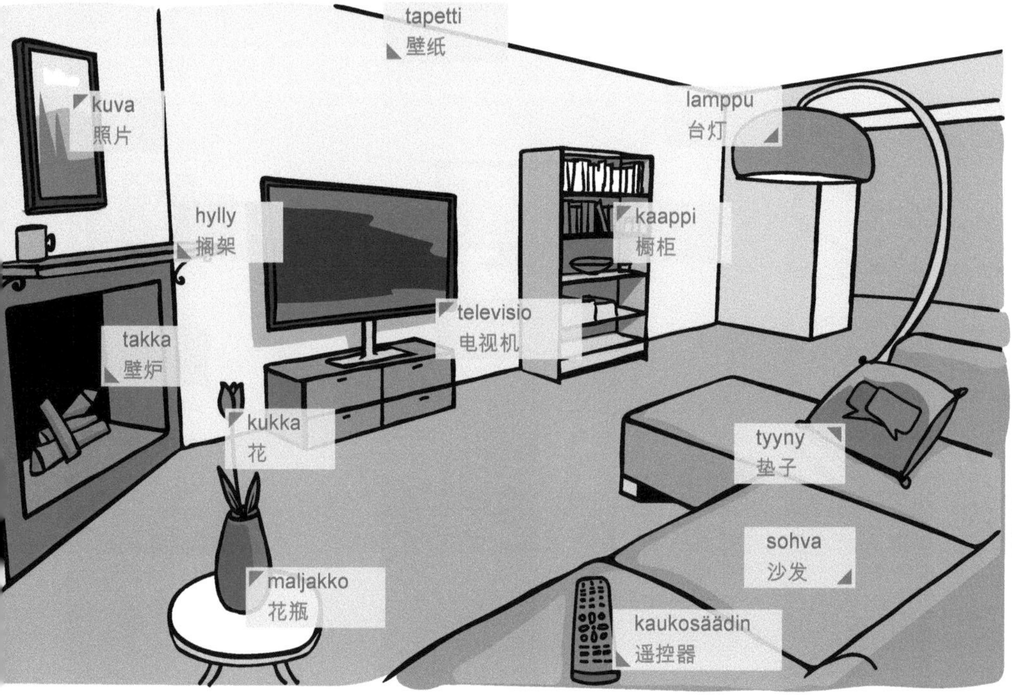

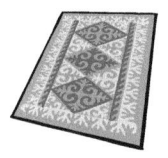

matto
地毯

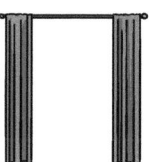

verho
窗帘

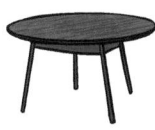

pöytä
餐桌

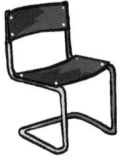

tuoli
椅子

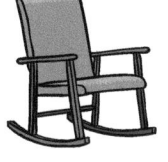

keinutuoli
摇椅

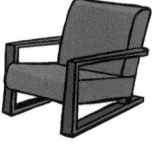

nojatuoli
扶手椅

kirja

书

peitto

毯子

koriste

装饰品

polttopuut

木柴

elokuva

电影

stereot

高保真音响

avain

钥匙

sanomalehti

报纸

maalaus

油画

juliste

海报

radio

收音机

muistivihko

笔记本

pölynimuri

吸尘器

kaktus

仙人掌

kynttilä

蜡烛

keittiö
厨房

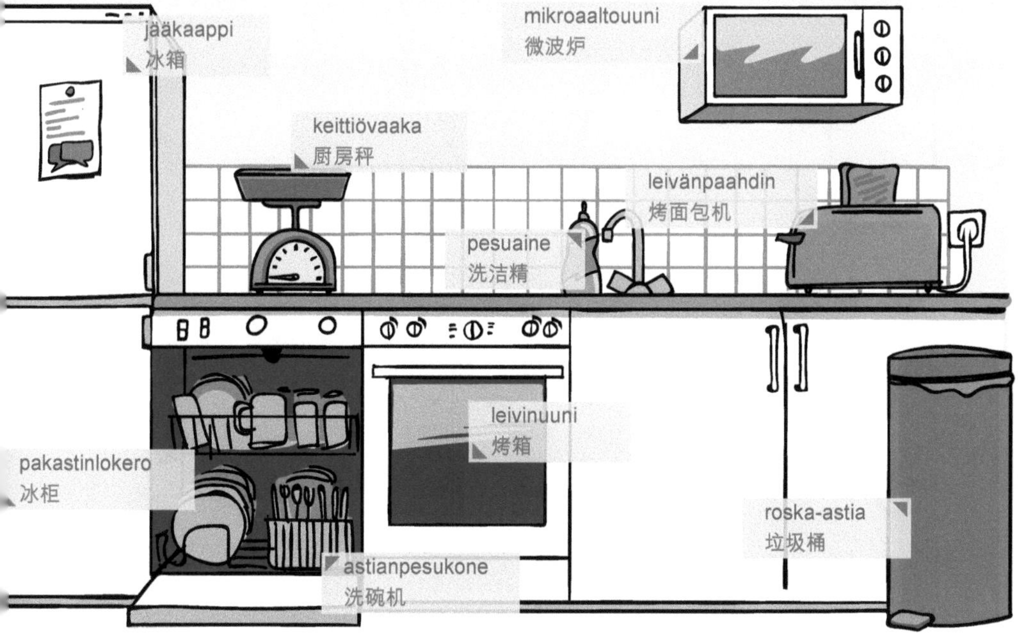
jääkaappi
冰箱
mikroaaltouuni
微波炉
keittiövaaka
厨房秤
leivänpaahdin
烤面包机
pesuaine
洗洁精
leivinuuni
烤箱
pakastinlokero
冰柜
roska-astia
垃圾桶
astianpesukone
洗碗机

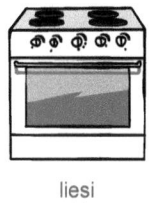

liesi
炊具

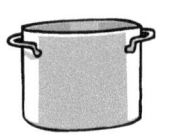

kattila
锅

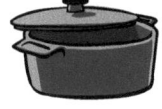

rautapata
铸铁锅

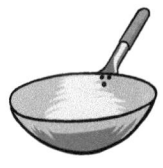

okkipannu / kadai-pannu
炒锅

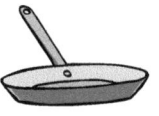

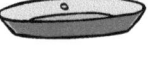

paistinpannu
平底锅

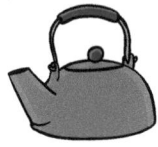

teepannu
水壶

höyrykeitin

蒸锅

uunipelti

烤盘

astiat

陶瓷锅

muki

马克杯

kulho

碗

syömäpuikot

筷子

kauha

长柄勺

paistinlasta

铲子

vispilä

搅拌器

siivilä

滤网

siivilä

筛子

raastin

磨碎机

mortteli

研钵

grilli

烧烤

avotuli

明火

leikkuulauta

菜板

kaulin

擀面杖

korkinavaaja

开瓶器

purkki

罐子

purkinavaaja

开罐器

pannulappu

隔热手套

lavuaari

水槽

tiskiharja

刷子

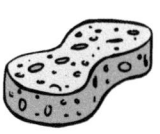

pesusieni

海绵

tehosekoitin

搅拌机

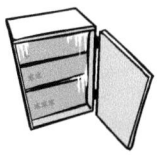

pakastin

冷藏箱

tuttipullo

奶瓶

vesihana

水龙头

kylpyhuone
浴室

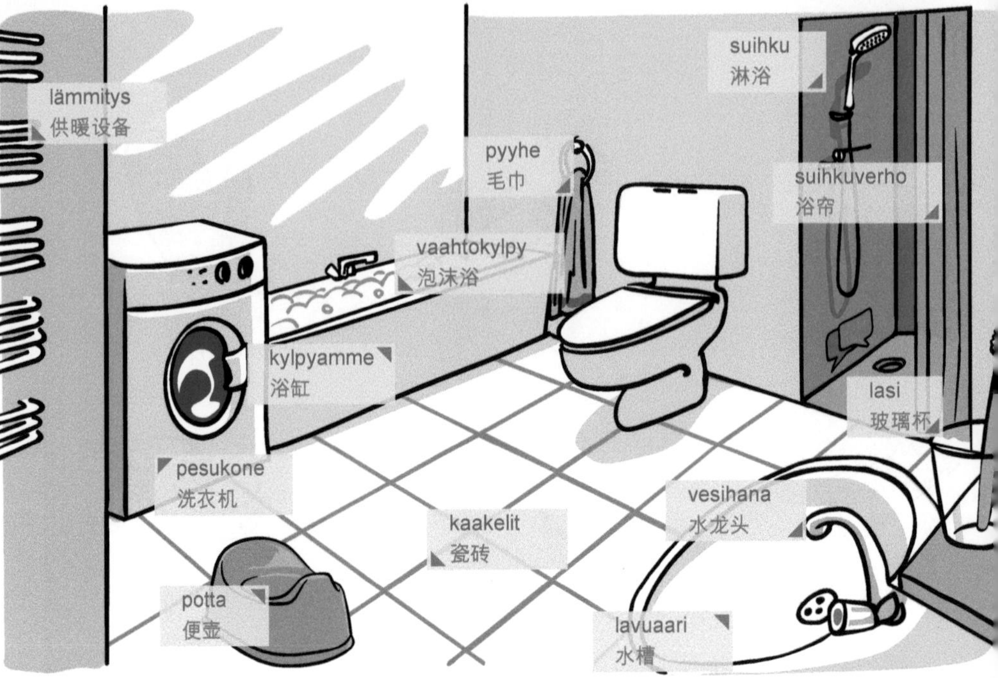

suihku
淋浴
lämmitys
供暖设备
pyyhe
毛巾
suihkuverho
浴帘
vaahtokylpy
泡沫浴
kylpyamme
浴缸
lasi
玻璃杯
pesukone
洗衣机
vesihana
水龙头
kaakelit
瓷砖
potta
便壶
lavuaari
水槽

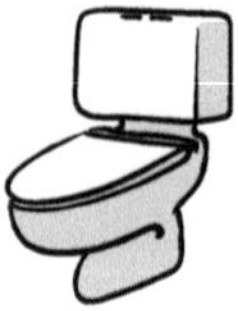

vessa
厕所

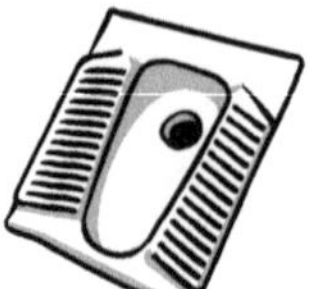

kyykkyvessa
蹲便器

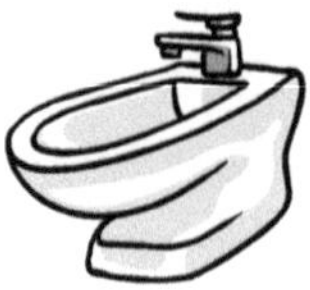

bidee
坐浴器

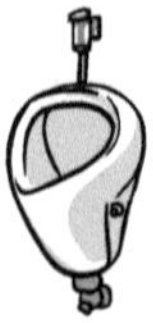

pisuaari
小便池

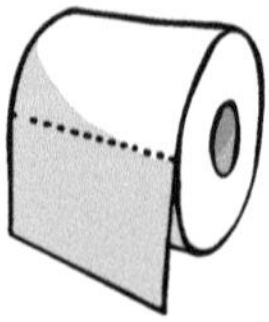

vessapaperi
厕纸

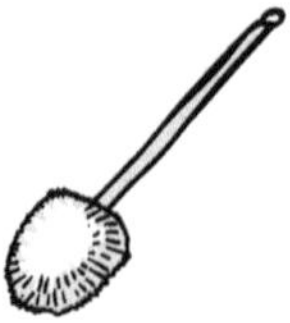

vessaharja
马桶刷

hammasharja

牙刷

hammastahna

牙膏

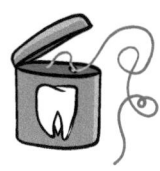

hammaslanka

牙线

pestä

洗

käsisuihku

手持式喷淋头

intiimisuihku

冲洗器

pesuvati

洗脸盆

selkäharja

擦背刷

saippua

肥皂

suihkugeeli

沐浴露

shampoo

洗发水

pesulappu

法兰绒

viemäri

排水

voide

乳霜

deodorantti

除臭剂

peili

镜子

käsipeili

手镜

partaveitsi

剃须刀

partavaahto

剃须泡沫

partavesi

须后水

kampa

梳子

harja

刷子

hiustenkuivaaja

吹风机

hiuslakka

喷发定型剂

meikki

化妆品

huulipuna

唇膏

kynsilakka

指甲油

pumpuli

化妆棉

kynsisakset

指甲剪

hajuvesi

香水

kosmetiikkalaukku

洗漱包

jakkara

凳子

vaaka

计重秤

kylpytakki

浴袍

kumihansikkaat

橡胶手套

tamponi

卫生棉条

terveysside

卫生巾

kemiallinen wc

化学厕所

lastenhuone
儿童房

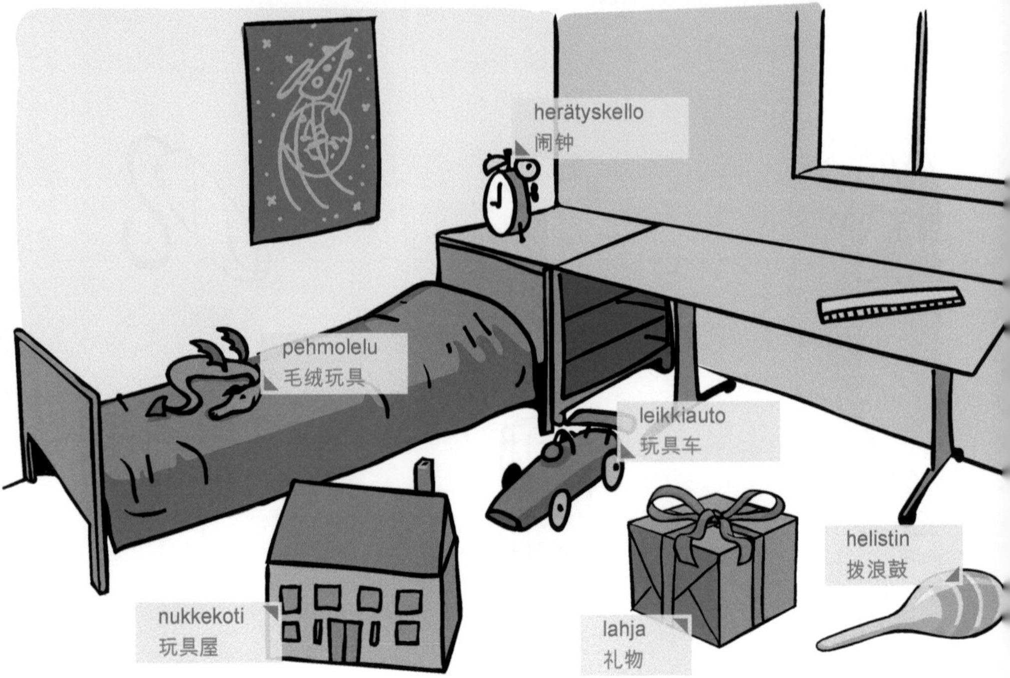
herätyskello
闹钟
pehmolelu
毛绒玩具
leikkiauto
玩具车
helistin
拨浪鼓
nukkekoti
玩具屋
lahja
礼物

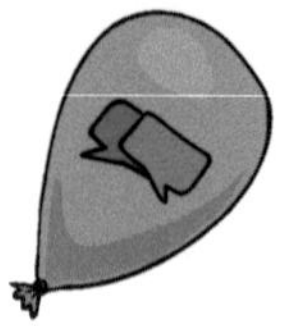

ilmapallo

气球

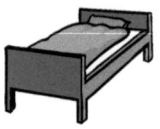

sänky

床

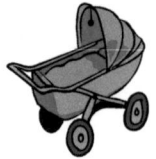

lastenvaunut

（洋娃娃用）婴儿车

korttipeli

扑克牌

palapeli

拼图

SUPER
MEGA

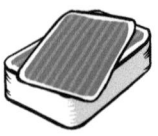

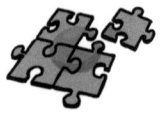

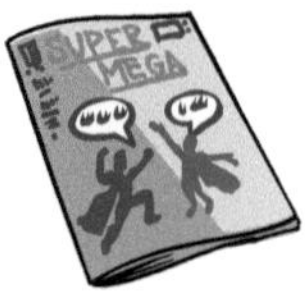

sarjakuva

漫画

legopalikat

乐高积木

rakennuspalikat

积木玩具

supersankari

玩具人

potkupuku

婴儿服

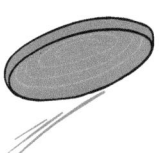

frisbee

飞盘

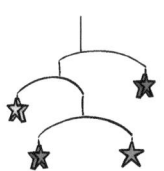

mobile

床铃玩具

lautapeli

棋盘游戏

noppa

骰子

pienoisjunarata

火车模型

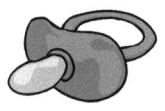

tutti

安抚奶嘴

juhlat

聚会

kuvakirja

绘本

pallo

球

nukke

洋娃娃

leikkiä

玩

hiekkalaatikko

沙坑

keinu

秋千

lelut

玩具

pelikonsoli

游戏机

kolmipyörä

三轮车

nalle

泰迪熊

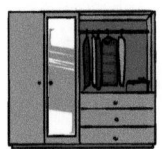

vaatekaappi

衣柜

vaatteet

衣服

sukat

袜子

nylonsukat

长袜

sukkahousut

紧身裤

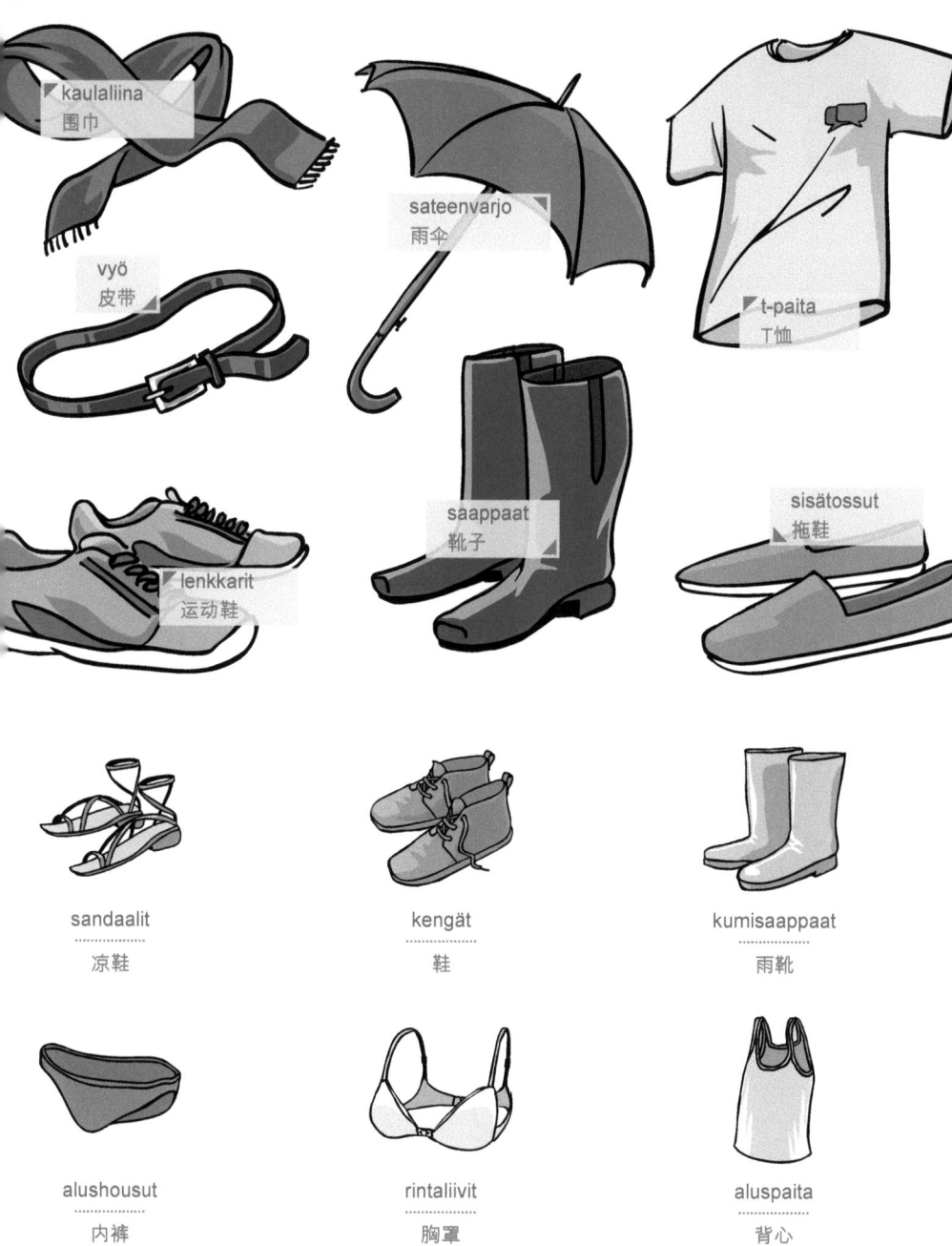

kaulaliina
围巾

sateenvarjo
雨伞

vyö
皮带

t-paita
T恤

saappaat
靴子

sisätossut
拖鞋

lenkkarit
运动鞋

sandaalit
凉鞋

kengät
鞋

kumisaappaat
雨靴

alushousut
内裤

rintaliivit
胸罩

aluspaita
背心

body
身体

housut
裤子

farkut
牛仔裤

hame
短裙

pusero
女式衬衫

paita
衬衫

villapaita
套头衫

collegepaita
卫衣

jakku
西装夹克

takki
夹克

takki
外套

sadetakki
雨衣

puku
套装

mekko
连衣裙

hääpuku
婚纱

puku

西装

yöpaita

睡袍

pyjama

睡衣

shari

莎丽

päähuivi

头巾

turbaani

包头巾

burka

波卡

kaftaani

卡夫坦

abaya

(阿拉伯式)长袍长袍

uimapuku

泳衣

uimahousut

男式泳裤

shortsit

短裤

verkkarit

运动服

esiliina

围裙

käsineet

手套

nappi

纽扣

silmälasit

眼镜

rannekoru

手链

kaulakoru

项链

sormus

戒指

korvakoru

耳环

lippalakki

便帽

ripustin

衣架

hattu

帽子

solmio

领带

vetoketju

拉链

kypärä

头盔

henkselit

背带

koulupuku

校服

univormu

制服

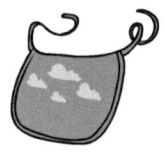

ruokalappu

围兜

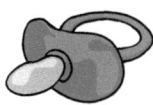

tutti

安抚奶嘴

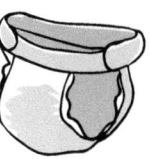

vaippa

尿不湿

toimisto

办公室

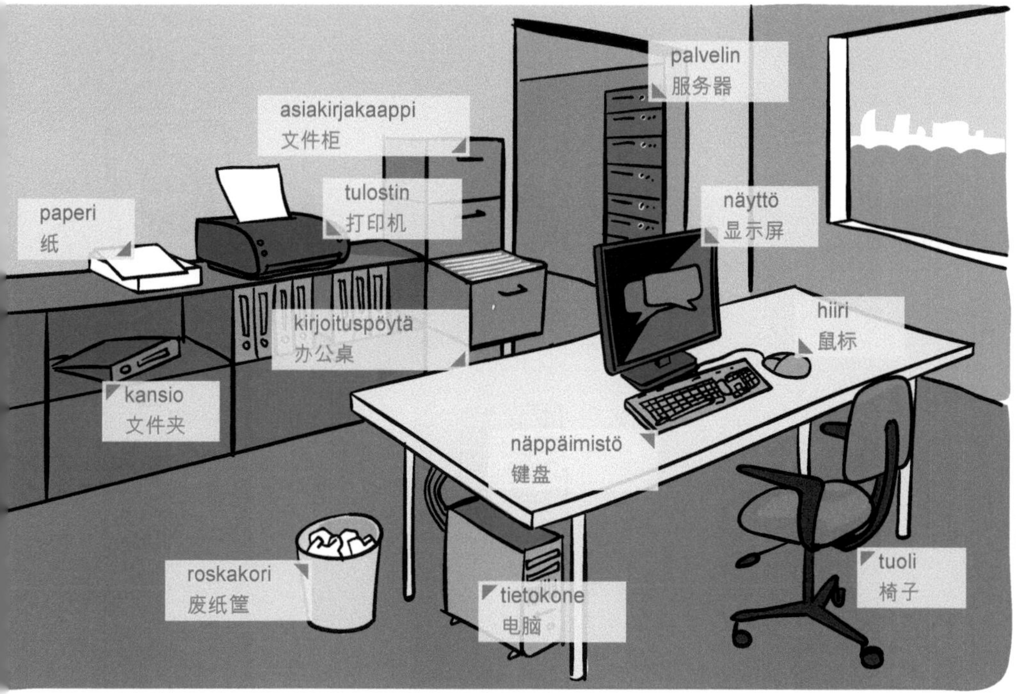
palvelin
服务器
asiakirjakaappi
文件柜
tulostin
打印机
paperi
纸
näyttö
显示屏
hiiri
鼠标
kirjoituspöytä
办公桌
kansio
文件夹
näppäimistö
键盘
roskakori
废纸篓
tuoli
椅子
tietokone
电脑

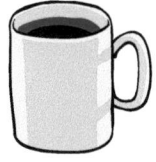

kahvimuki

咖啡杯

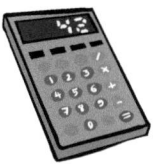

taskulaskin

计算器

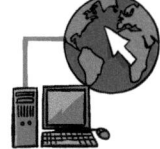

internet

因特网

kannettava tietokone

笔记本电脑

kirje

信件

viesti

消息

kännykkä

手机

verkko

网络

kopiokone

复印机

ohjelmisto

软件

puhelin

电话

pistorasia

插座

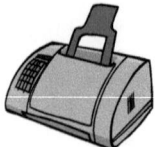

faksi

传真机

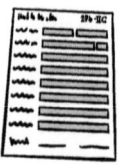

lomake

表格

asiakirja

文件

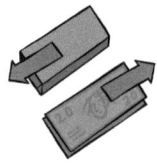

ostaa

买

maksaa

付钱

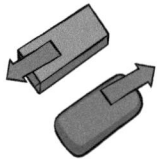

vaihtaa

交易

raha

现金

dollari

美元

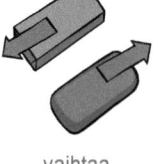

euro

欧元

jeni

日元

rupla

卢布

frangi

瑞士法郎

renminbi juan

人民币

rupia

卢比

pankkiautomaatti

提款处

rahanvaihto

外币兑换处

kulta

金

hopea

银

öljy

石油

energia

能源

hinta

价格

sopimus

合同

vero

税金

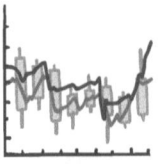

osake

股票

työskennellä

工作

työntekijä

职员

työnantaja

老板

tehdas

工厂

liike

商店

poliisi
警官

palomies
消防员

kokki
厨师

lääkäri
医生

lentäjä
飞行员

puutarhuri

园丁

puuseppä

木匠

ompelija

裁缝

tuomari

法官

kemisti

化学家

näyttelijä

演员

linja-autonkuljettaja

公交车司机

taksinkuljettaja

出租车司机

kalastaja

渔夫

siivooja

清洁女工

katontekijä

屋顶工

tarjoilija

服务员

metsästäjä

猎人

maalari

画家

leipuri

面包师

sähköasentaja

电工

rakentaja

建筑工人

insinööri

工程师

teurastaja

屠夫

putkiasentaja

水管工

postinjakaja

邮递员

sotilas

士兵

arkkitehti

建筑师

kassanhoitaja

收银员

floristi

花农

kampaaja

理发师

konduktööri

售票员

mekaanikko

机械师

kapteeni

船长

hammaslääkäri

牙医

tiedemies

科学家

rabbi

拉比

imaami

伊玛目

munkki

和尚

pappi

牧师

työkalut
工具

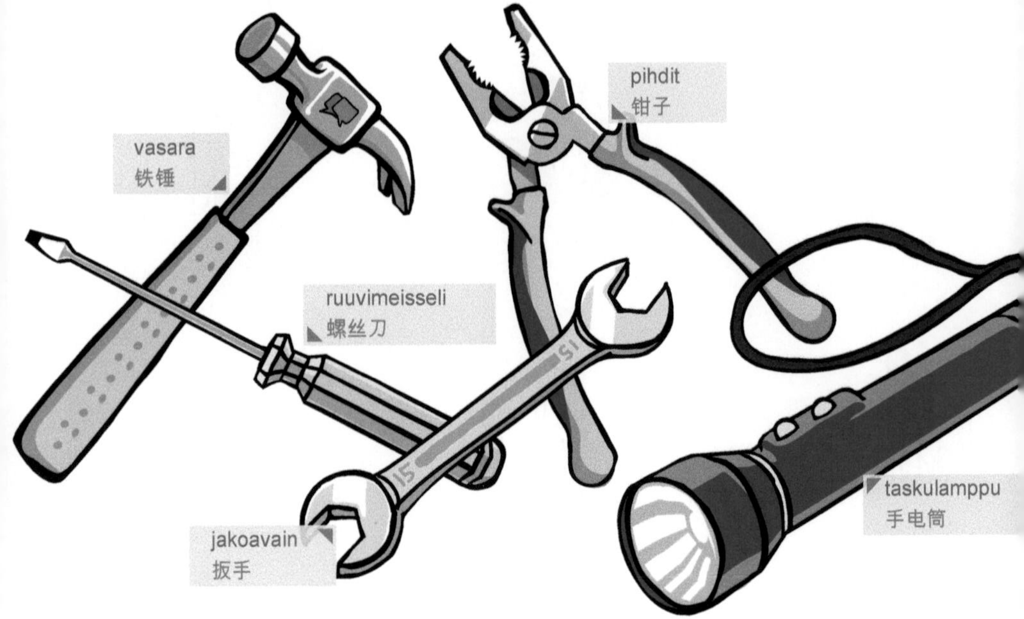

vasara
铁锤
pihdit
钳子
ruuvimeisseli
螺丝刀
taskulamppu
手电筒
jakoavain
扳手

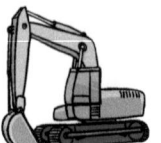

kaivinkone
挖掘机

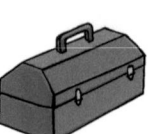

työkalupakki
工具箱

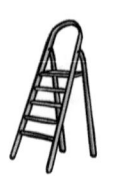

tikkaat
梯子

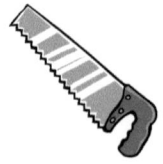

saha
锯子

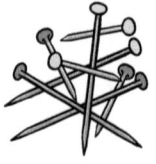

naulat
钉子

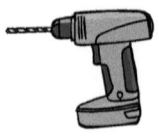

pora
钻机

korjata

修

lapio

铲子

Hitto!

靠！

rikkalapio

簸箕

maalipurkki

油漆桶

ruuvit

螺丝

soittimet

乐器

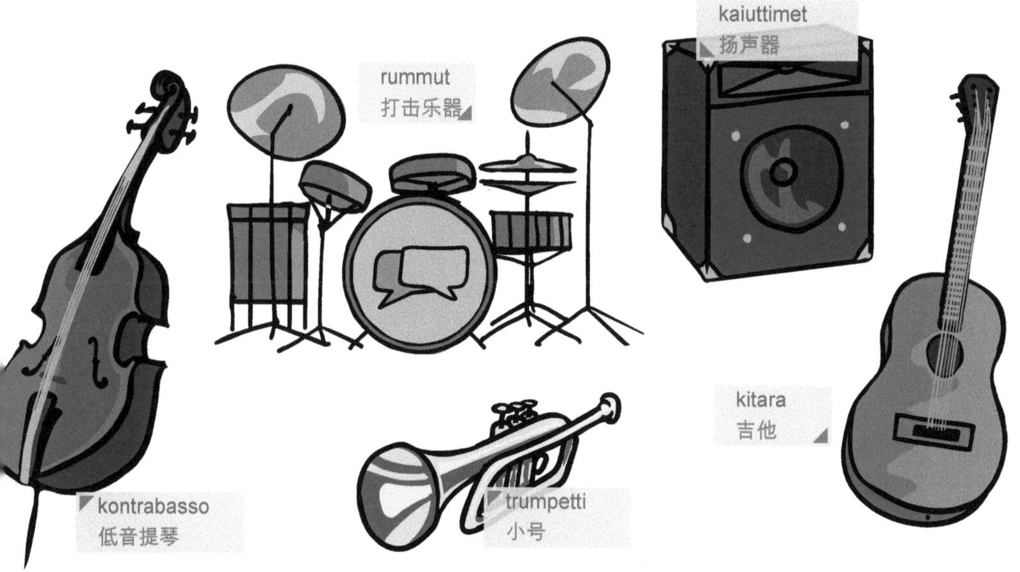

kaiuttimet
扬声器

rummut
打击乐器

kitara
吉他

kontrabasso
低音提琴

trumpetti
小号

piano

钢琴

viulu

小提琴

basso

贝斯

patarummut

定音鼓

rumpu

鼓

kosketinsoitin

电子琴

saksofoni

萨克斯管

huilu

长笛

mikrofoni

麦克风

eläintarha
动物园

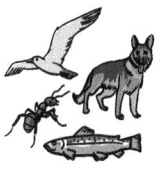

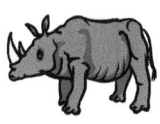

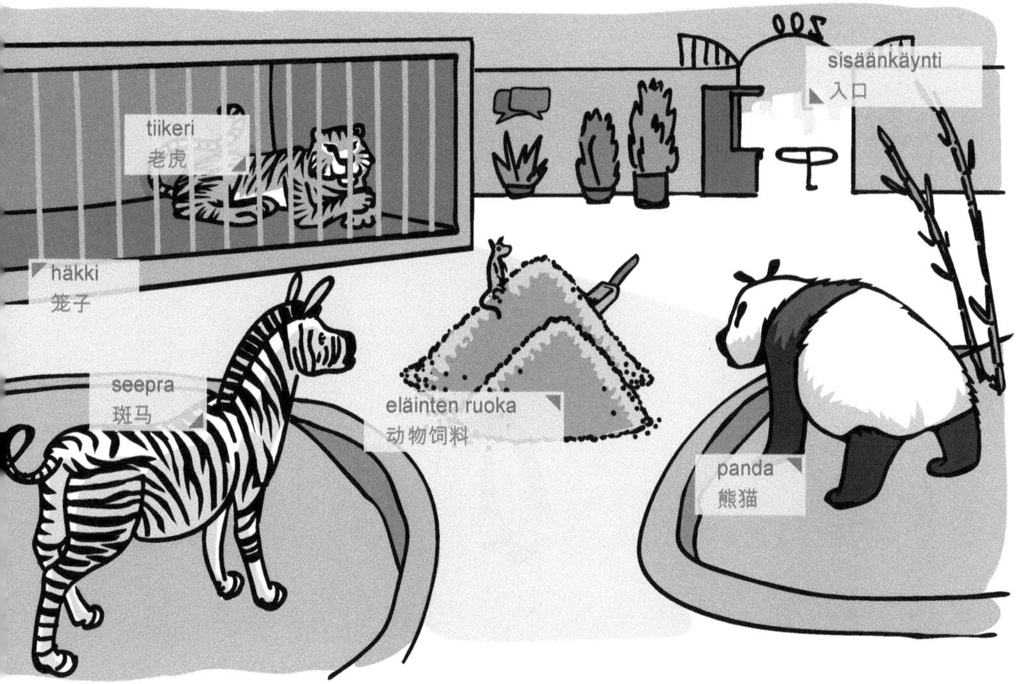
sisäänkäynti
入口
tiikeri
老虎
häkki
笼子
seepra
斑马
eläinten ruoka
动物饲料
panda
熊猫

eläimet
动物

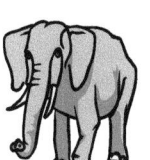

norsu
大象

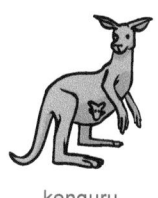

kenguru
袋鼠

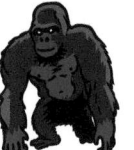

sarvikuono
犀牛

gorilla
大猩猩

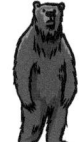

karhu
熊

kameli

骆驼

strutsi

鸵鸟

leijona

狮子

apina

猴子

flamingo

火烈鸟

papukaija

鹦鹉

jääkarhu

北极熊

pingviini

企鹅

hai

鲨鱼

riikinkukko

孔雀

käärme

蛇

krokotiili

鳄鱼

eläintarhanhoitaja

动物园管理员

hylje

海豹

jaguaari

美洲豹

poni

矮种马

leopardi

豹

virtahepo

河马

kirahvi

长颈鹿

kotka

老鹰

villisika

野猪

kala

鱼

kilpikonna

龟

mursu

海象

kettu

狐狸

gaselli

羚羊

amerikkalainen jalkapallo
橄榄球

pyöräily
骑自行车

tennis
网球

koripallo
篮球

uinti
游泳

nyrkkeily
拳击

jääkiekko
冰球

jalkapallo
英式足球

sulkapallo
羽毛球

yleisurheilu
田径

käsipallo
手球

hiihto
滑雪

poolo
马球

hypätä
跳

nauraa
笑

halata
拥抱

kävellä
走路

laulaa
唱

unelmoida
做梦

rukoilla
祈祷

suudella
亲吻

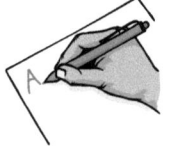

kirjoittaa

书写

piirtää

画

näyttää

展示

painaa

推

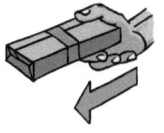

antaa

给

ottaa

拿

omistaa

有

tehdä

做

olla

当

seisoa

站

juosta

跑

vetää

拉

heittää

扔

kaatua

摔倒

maata

躺

odottaa

等待

kantaa

携带

istua

坐

pukeutua

穿衣

nukkua

睡觉

herätä

醒来

katsoa

看

itkeä

哭

silittää

抚摸

kammata

梳头

puhua

交谈

ymmärtää

明白

kysyä

问

kuunnella

听

juoda

喝

syödä

吃

siivota

清理

rakastaa

爱

keittää

做饭

ajaa

开车

lentää

飞

purjehtia

航行

laskea

计算

lukea

读

oppia

学习

työskennellä

工作

mennä naimisiin

结婚

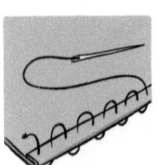

ommella

缝

pestä hampaat

刷牙

tappaa

杀

tupakoida

抽烟

lähettää

寄

mummo
祖母

ukki
祖父

isä
父亲

äiti
母亲

vauva
婴童

tytär
女儿

poika
儿子

vieras

客人

täti

阿姨

setä

叔叔

veli

兄弟

sisko

姐妹

vartalo

身体

otsa
前额
silmä
眼睛
olkapää
肩膀
sormet
手指
kasvot
脸
leuka
下巴
käsi
手
jalka
腿
rinta
乳房
käsivarsi
手臂

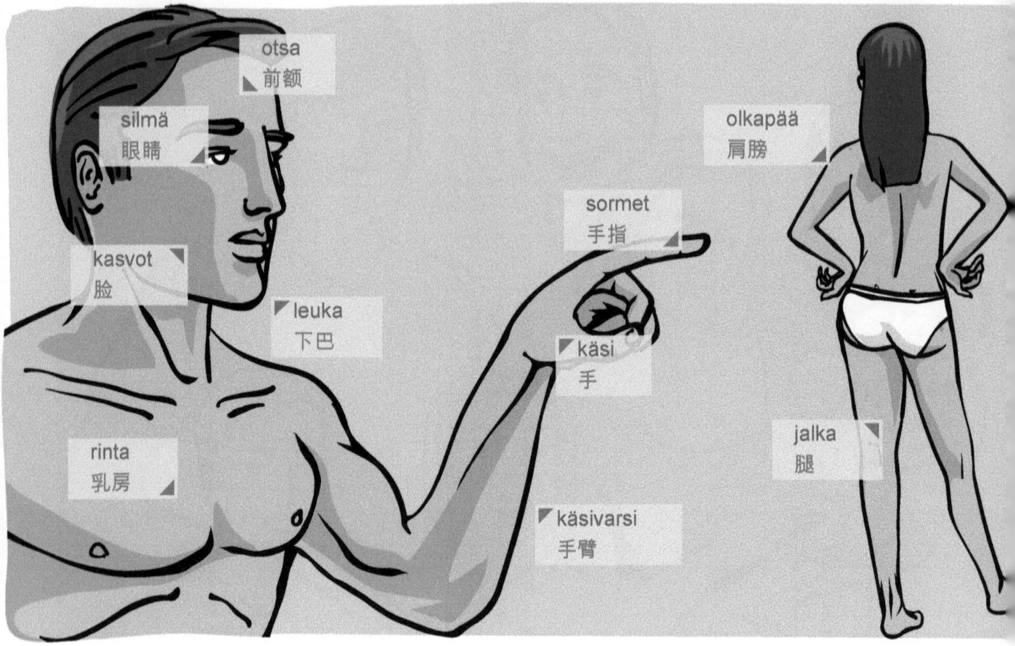

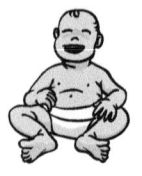

vauva

婴童

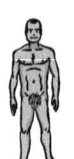

mies

男人

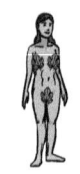

nainen

女人

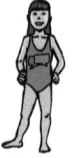

tyttö

女孩

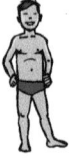

poika

男孩

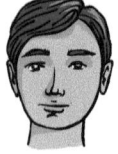

pää

头

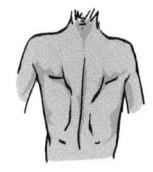

selkä

背部

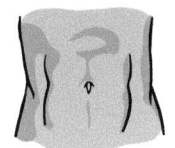

maha

肚子

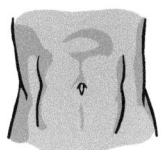

napa

肚脐

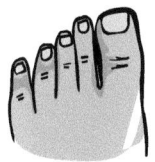

varvas

脚趾

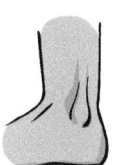

kantapää

脚后跟

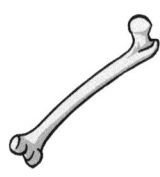

luu

骨头

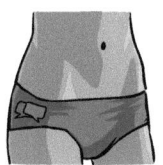

lantio

臀部

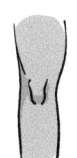

polvi

膝盖

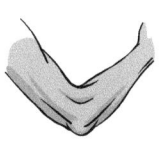

kyynärpää

手肘

nenä

鼻子

takapuoli

屁股

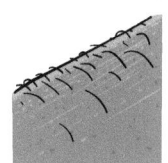

iho

皮肤

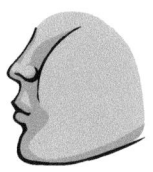

poski

脸颊

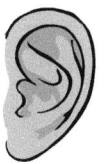

korva

耳朵

huuli

嘴唇

suu

嘴

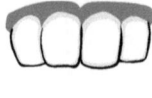

hammas

牙齿

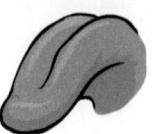

kieli

舌头

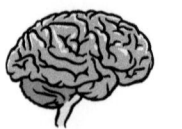

aivot

脑

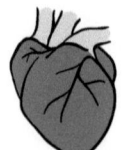

sydän

心脏

lihas

肌肉

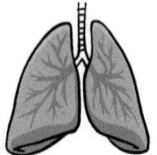

keuhkot

肺

maksa

肝脏

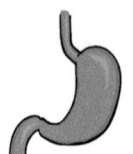

vatsa

胃

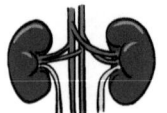

munuaiset

肾脏

seksi

性交

kondomi

避孕套

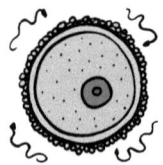

munasolu

卵子

sperma

精子

raskaus

怀孕

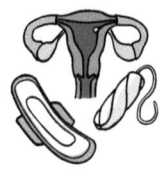

kuukautiset

月经

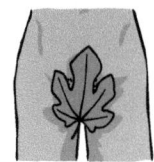

vagina

阴道

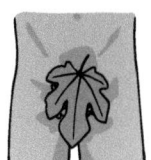

penis

阴茎

kulmakarvat

眉毛

hiukset

头发

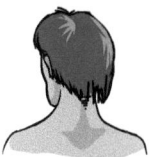

niska

脖子

sairaala

医院

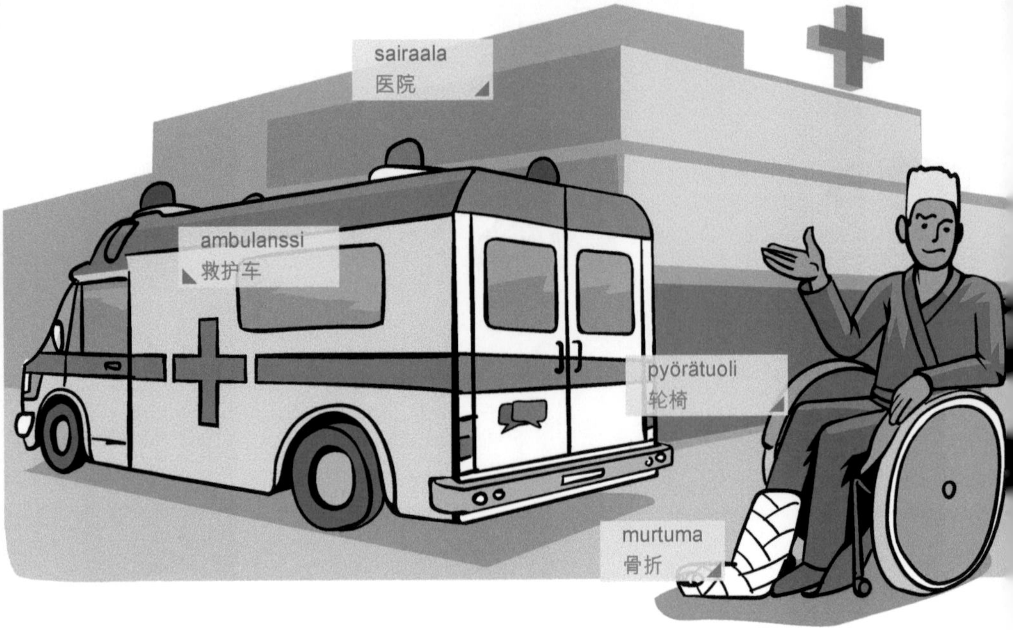

sairaala
医院
ambulanssi
救护车
pyörätuoli
轮椅
murtuma
骨折

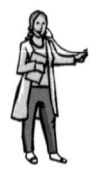

lääkäri

医生

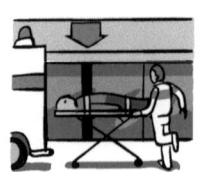

ensiapu

急诊室

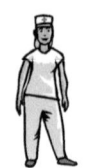

sairaanhoitaja

护士

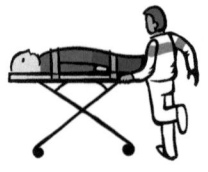

hätätilanne

紧急情况

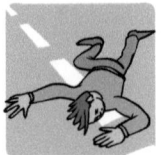

tajuton

昏迷

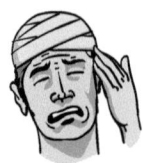

kipu

痛

vamma

受伤

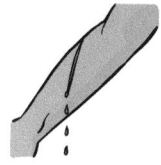

verenvuoto

出血

sydänkohtaus

心脏病发作

aivoinfarkti

中风

allergia

过敏

yskä

咳嗽

kuume

发烧

flunssa

流感

ripuli

腹泻

päänsärky

头痛

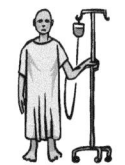

syöpä

癌症

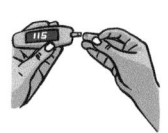

diabetes

糖尿病

kirurgi

外科医生

veitsi

手术刀

leikkaus

手术

ct

CT

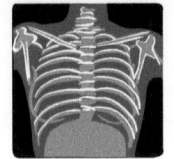

röntgen

X光

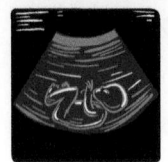

ultraääni

超声波

maski

口罩

sairaus

疾病

odotushuone

候诊室

sauva

拐杖

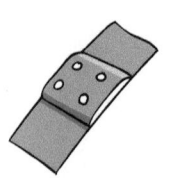

laastari

石膏

side

绷带

pistos

注射

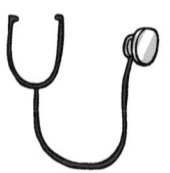

stetoskooppi

听诊器

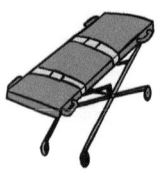

paarit

担架

kuumemittari

体温计

syntymä

出生

ylipaino

超重

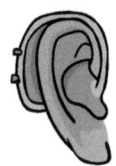

kuulolaite

助听器

desinfiointiaine

消毒液

infektio

感染

virus

病毒

HIV / AIDS

艾滋病

lääke

药物

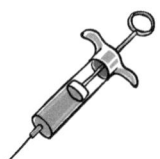

rokotus

接种疫苗

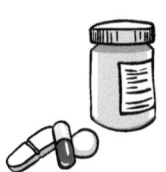

tabletit

药片

pilleri

药丸

hätäpuhelu

急救电话

verenpainemittari

血压计

sairas / terve

生病/健康

Apua!
救命！

hälytys
警报

ryöstö
突击

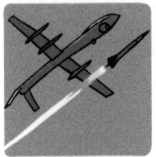

hyökkäys
攻击

vaara
危险

hätäuloskäynti
紧急出口

Tulipalo!
着火啦！

palosammutin
灭火器

onnettomuus
意外

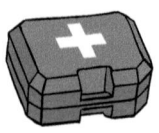

ensiapulaukku
急救箱

SOS
呼救信号

poliisilaitos
警察

Eurooppa

欧洲

Pohjois-Amerikka

北美洲

Etelä-Amerikka

南美洲

Afrikka

非洲

Aasia

亚洲

Australia

澳洲

Atlantin valtameri

大西洋

Tyynimeri

太平洋

Intian valtameri

印度洋

Eteläinen jäämeri

南冰洋

Pohjoinen jäämeri

北冰洋

pohjoisnapa

北极

etelänapa

南极

Antarktis

南极洲

maa

地球

maa

陆地

meri

海

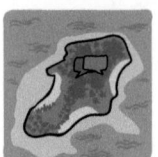

saari

岛

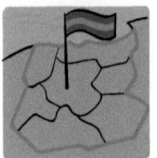

kansa

国家

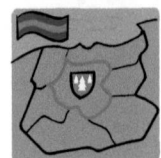

osavaltio

国家

kellotaulu

钟面

tuntiviisari

时针

minuuttiviisari

分针

sekuntiviisari

秒针

Paljonko kello on?

现在几点？

päivä

天

aika

时间

nyt

现在

digitaalikello

电子表

minuutti

分

tunti

时

viikko
周

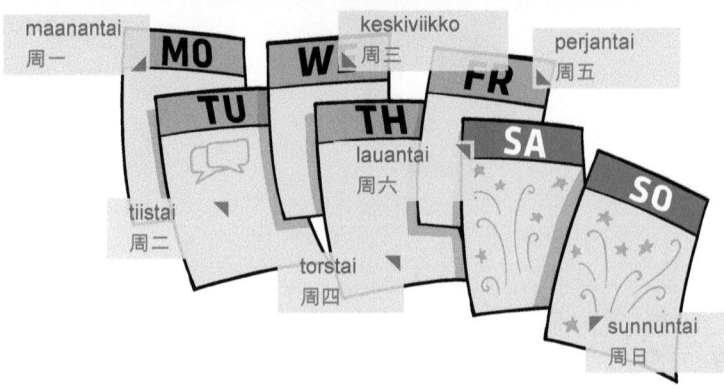

maanantai 周一 — MO

keskiviikko 周三 — W

perjantai 周五 — FR

tiistai 周二 — TU

torstai 周四 — TH

lauantai 周六 — SA

sunnuntai 周日 — SO

eilen

昨天

tänään

今天

huomenna

明天

aamu

早晨

keskipäivä

中午

ilta

晚上

MO	TU	WE	TH	FR	SA	SU
1	2	3	4	5	6	7
8	9	10	11	12	13	14
15	16	17	18	19	20	21
22	23	24	25	26	27	28
29	30	31	1	2	3	4

työpäivät

工作日

MO	TU	WE	TH	FR	SA	SU
1	2	3	4	5	6	7
8	9	10	11	12	13	14
15	16	17	18	19	20	21
22	23	24	25	26	27	28
29	30	31	1	2	3	4

viikonloppu

周末

sateenkaari
彩虹

sade
雨

tuuli
风

lumi
雪

kevät
春

syksy
秋

kesä
夏

talvi
冬

4.APRIL	11°	☀
5.APRIL	4°	☁
6.APRIL	13°	☂
7.APRIL	8°	❄
8.APRIL	10°	☀

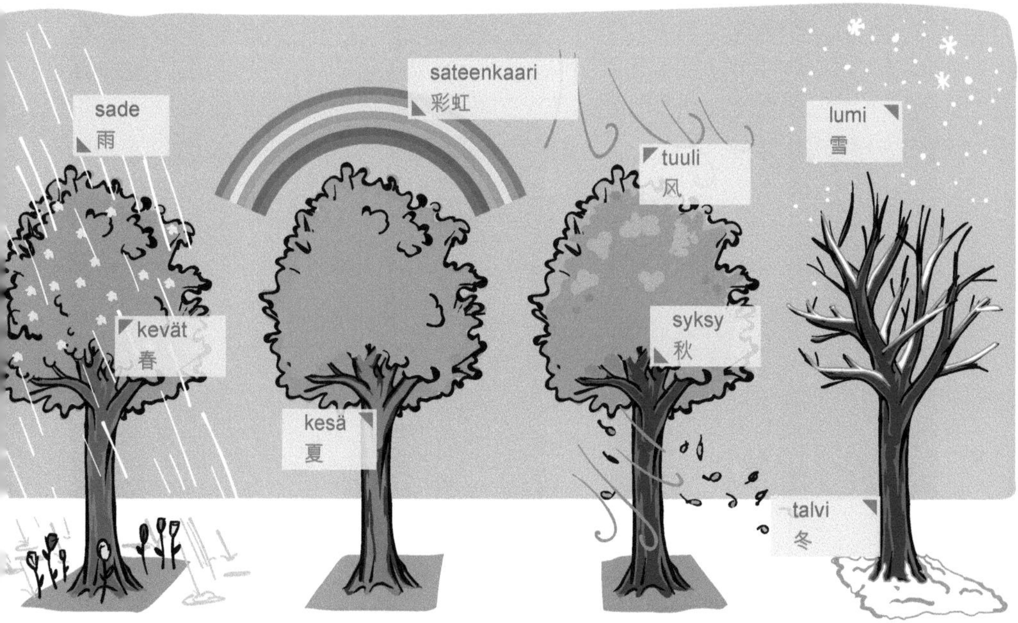

sääennuste

天气预报

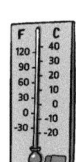

lämpömittari

温度计

auringonpaiste

阳光

pilvi

云

sumu

雾

ilmankosteus

潮湿

salama

闪电

ukkonen

打雷

myrsky

风暴

rae

冰雹

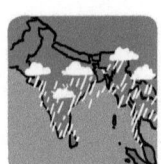

monsuuni

季风

tulva

洪水

jää

冰

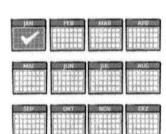

tammikuu

一月

helmikuu

二月

maaliskuu

三月

huhtikuu

四月

toukokuu

五月

kesäkuu

六月

heinäkuu

七月

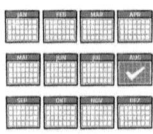

elokuu

八月

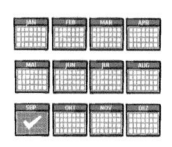

syyskuu
....
九月

lokakuu
....
十月

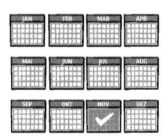

marraskuu
....
十一月

joulukuu
....
十二月

muodot
形状

ympyrä
....
圆形

neliö
....
正方形

suorakulmio
....
长方形

kolmio
....
三角形

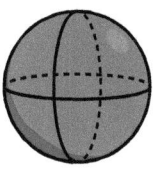

pallo
....
球体

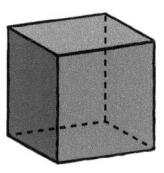

kuutio
....
立方体

valkoinen

白

keltainen

黄

oranssi

橙

vaaleanpunainen

粉

punainen

红

violetti

紫

sininen

蓝

vihreä

绿

ruskea

棕

harmaa

灰

musta

黑

paljon / vähän
很多/少许

vihainen / ystävällinen
生气/平静

kaunis / ruma
美/丑

alku / loppu
首/尾

suuri / pieni
大/小

vaalea / tumma
明/暗

veli / sisko
兄弟/姐妹

puhdas / likainen
干净/肮脏

täydellinen / epätäydellinen

完整/缺失

päivä / yö
白天/晚上

kuollut / elävä
死/生

leveä / kapea
宽/窄

syötävä / syömäkelvoton

可食用/非食用

paha / kiltti

邪恶/善良

innostunut / tylsistynyt

兴奋/无聊

lihava / laiha

胖/瘦

ensimmäinen / viimeinen

第一/最后

ystävä / vihollinen

朋友/敌人

täysi / tyhjä

满/空

kova / pehmeä

硬/软

painava / kevyt

重/轻

nälkä / jano

饿/渴

sairas / terve

生病/健康

laiton / laillinen

非法/合法

älykäs / tyhmä

聪明/愚笨

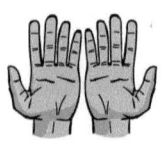

vasen / oikea

左/右

lähellä / kaukana

近/远

uusi / käytetty

新/旧

ei mitään / jotain

没有/有些

vanha / nuori

老/幼

päällä / pois päältä

开/关

auki / kiinni

打开/合上

hiljainen / äänekäs

安静/吵闹

rikas / köyhä

富/穷

oikein / väärin

对/错

karhea / sileä

粗糙/光滑

surullinen / iloinen

伤心/高兴

lyhyt / pitkä

短/长

hidas / nopea

慢/快

märkä / kuiva

湿/干

lämmin / viileä

温暖/凉爽

sota / rauha

战争/和平

0	**1**	**2**
nolla	yksi	kaksi
零	一	二

3	**4**	**5**
kolme	neljä	viisi
三	四	五

6	**7**	**8**
kuusi	seitsemän	kahdeksan
六	七	八

9	**10**	**11**
yhdeksän	kymmenen	yksitoista
九	十	十一

12
kaksitoista
十二

13
kolmetoista
十三

14
neljätoista
十四

15
viisitoista
十五

16
kuusitoista
十六

17
seitsemäntoista
十七

18
kahdeksantoista
十八

19
yhdeksäntoista
十九

20
kaksikymmentä
二十

100
sata
百

1.000
tuhat
千

1.000.000
miljoona
百万

englanti

英语

amerikanenglanti

美式英语

mandariinikiina

普通话

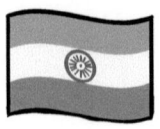

hindi

印地语

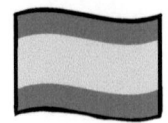

espanja

西班牙语

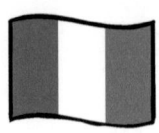

ranska

法语

arabia

阿拉伯语

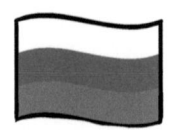

venäjä

俄语

portugali

葡萄牙语

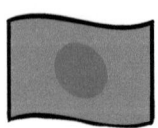

bengali

孟加拉语

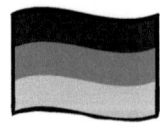

saksa

德语

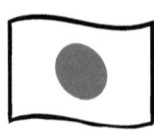

japani

日语

minä

我

sinä

你

hän

他/她/它

me

我们

te

你们

he

他们

kuka?

谁？

mitä / mikä?

什么？

miten?

怎样？

missä?

哪里？

milloin?

什么时候？

nimi

名字

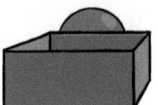

takana

后面

sisällä

里面

edessä

前面

yläpuolella

上方

päällä

上面

alapuolella

下面

vieressä

旁边

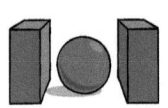

välissä

中间

paikka

地点